BEI GRIN MACHT SICH IHR WISSEN BEZAHLT

- Wir veröffentlichen Ihre Hausarbeit, Bachelor- und Masterarbeit

- Ihr eigenes eBook und Buch - weltweit in allen wichtigen Shops

- Verdienen Sie an jedem Verkauf

Jetzt bei www.GRIN.com hochladen und kostenlos publizieren

Grit Ulrich, Ricarda Steigmann

Die Umwandlung eines Einzelunternehmens in eine GmbH

GRIN Verlag

Bibliografische Information der Deutschen Nationalbibliothek:

Die Deutsche Bibliothek verzeichnet diese Publikation in der Deutschen National-bibliografie; detaillierte bibliografische Daten sind im Internet über http://dnb.d-nb.de/ abrufbar.

Impressum:

Copyright © 2002 GRIN Verlag GmbH
Druck und Bindung: Books on Demand GmbH, Norderstedt Germany
ISBN: 978-3-638-92016-2

Dieses Buch bei GRIN:

http://www.grin.com/de/e-book/4366/die-umwandlung-eines-einzelunternehmens-in-eine-gmbh

Hochschule Wismar

Fachbereich Wirtschaft

Hausarbeit

Die Umwandlung eines Einzelunternehmens in eine Gesellschaft mit beschränkter Haftung

eingereicht von: Grit Ulrich

und

Ricarda Steigmann

Wismar, 6. Mai 2002

Inhaltsverzeichnis

1 Einleitung

1.1 Zielsetzung

Mit dieser Arbeit wird anhand eines Beispieles dargestellt wie die Umwandlung eines Einzelunternehmens in eine GmbH funktioniert. Ziel ist es dem Leser einen kurzen, praxisorientierten Überblick zu vermitteln. Damit kann dem Unternehmer eine erste Entscheidungshilfe in die Hand gegeben werden, um die grundsätzlichen Fragen zu beantworten: Kommt eine Ausgliederung für meine Firma überhaupt in Frage? Was ist zu beachten?

Zunächst werden die Gründe und die rechtlichen Voraussetzungen für eine Umwandlung erläutert. Anschließend erfolgt die Betrachtung der handelsrechtlichen und steuerlichen Auswirkungen der Ausgliederung.

1.2 Gründe für den Rechtsformwechsel in eine GmbH

Der Begriff „Umwandlung" ist nicht gesetzlich geregelt. Im wesentlichen kann hierunter das Fortbestehen einer wirtschaftlichen Einheit in einer anderen als der bislang geführten Rechtsform verstanden werden.[1] Eine Auflösung des Unternehmens ist nicht erforderlich. Diese Bezeichnung gilt nur, wenn der bisherige Eigner Rechte an dem neuen Rechtsträger gewährt bekommt.[2]

Nach einigen Jahren des erfolgreichen Wachstums stellt sich für jeden Unternehmer irgendwann die Frage, ob die Organisationsform des Unternehmens den veränderten Anforderungen noch entspricht. Dazu gehört auch die Rechtsform. Sie ist keine Entscheidung, mit der man sich für immer festlegt, sondern ein Kleid, das bei Bedarf gewechselt werden kann - und sollte. Wann sollte die Rechtsform geändert werden? Da es mannigfaltige Motive für die Änderung gibt, können hier nur einige Gründe auszugsweise angegeben werden.

Ein wesentlicher Punkt der Rechtsformwahl ist die Haftungsbeschränkung der GmbH. Für die Verbindlichkeiten der Gesellschaft haftet den Gläubigern gegenüber nur das Gesellschaftsvermögen (§ 13 Abs. 2 GmbHG).[3] Der Einzelunternehmer dagegen haftet mit seinem Vermögen allein, auch mit dem Privatvermögen.[4] Eine persönliche Haftungsreduzierung wird zum Beispiel nötig, wenn ein Einzelunternehmen stark gewachsen ist und/oder neue oder risikoreichere Geschäftsfelder erschließen will.

---

[1] vgl. Madl, 1999, 1
[2] vgl. Madl, 1999, 3

3

Einen weiteren Grund stellt die Vergrößerung der Kapitalbasis dar. Ein Einzelunternehmen möchte beispielsweise seine Liquiditätssituation verbessern, Kapazitäten erweitern oder Maßnahmen der Rationalisierung durchführen. Da der Unternehmer nur die Möglichkeit hat, selbst Kapital zuzuführen oder stille Gesellschafter aufzunehmen, ist sein Finanzierungsspielraum sehr gering. Deswegen kann ein Rechtsformwechsel in Betracht kommen, um neue Partner oder aber stille Geldgeber zu beteiligen.[5]

Die Generationenfolge steht an. Die Nachfolger des Unternehmers sollen frühzeitig, zunächst aber in begrenztem Umfang, an die unternehmerische Verantwortung herangeführt werden. Vielleicht soll das Unternehmen auch durch Wahl einer geeigneten Rechtsform vor dem Einfluss zerstrittener, nicht geeigneter oder nicht an der Unternehmensführung beteiligter Erben geschützt werden.[6]

Da grundsätzlich (fast) alles möglich ist, kann auch ein Unternehmen mit 10 Mio. € Umsatzerlösen und 100 Mitarbeitern als Einzelunternehmen geführt werden. Der Börsengang steht an. Das Unternehmen muss eine börsenfähige Rechtsform annehmen.

Gründe für die Umwandlung eines Unternehmens können auch steuerliche Erwägungen sein. In der konkreten Ausgestaltung der Umwandlung besteht häufig ein erheblicher steuerplanerischer Spielraum. Diesen gilt es zu nutzen. So möchte ein Einzelunternehmen z.B. seine Gewerbesteuer senken. Das ist möglich durch Zahlung von Geschäftsführerbezügen und Pensionsrückstellungen. Dafür muss aber die Rechtsform geändert werden. Nach der Umwandlung in eine GmbH kann auch die Einkommenssteuer durch die freie Auswahl des Auszahlungszeitpunktes für Gewinne beeinflusst werden.

---

[3] vgl. Mihm, 1997, 102
[4] vgl. Olfert, 2001, 188
[5] vgl. Olfert, 2001, 234, 250
[6] vgl. www.gruenderstadt.de/Infopark/rechtsformwechsel.html

2 Umwandlung des Einzelunternehmens in eine GmbH

2.1 Grundsätze der Umwandlung

Das Fortbestehen einer wirtschaftlichen Einheit in einem anderen Rechtskleid kann zivilrechtlich auf verschiedenen Wegen erreicht werden. So gibt es die Einzelrechtsnachfolge. Nach dem bis einschließlich 1994 geltenden Recht konnte ein Einzelkaufmann sein Unternehmen nur auf diese Art in eine bereits bestehende GmbH einbringen. Zu diesem Zweck musste die aufnehmende GmbH eine Kapitalerhöhung vornehmen und dem Einbringenden für das eingebrachte Vermögen neue Gesellschaftsrechte gewähren.[7] Bei der Einzelrechtsnachfolge werden alle Vermögensgegenstände einzeln übertragen, die bewegliche Sachen durch Einigung und Übergabe gemäß § 929 BGB, Grundstücke durch notariell beurkundete Einigung und Auflassung ins Grundbuch gemäß § 873 BGB, Forderungen durch Abtretung gemäß § 398 BGB und Schulden durch Schuldübernahme gemäß § 414 BGB. Letzteres stellt einen Nachteil dar. Die Wirksamkeit des Rechtsgeschäftes wird z.B. im Falle der Schuldübertragung von der Genehmigung durch den Gläubiger gemäß § 415 BGB abhängig gemacht. Rechte und Pflichten aus bestehenden Arbeitsverhältnissen gehen gemäß § 613a BGB auf den neuen Inhaber über.[8]

Eine weitere Art der Vermögensübertragung ist die Gesamtrechtsnachfolge. Nach den § 56a ff. UmwG a. F. konnte ein Einzelkaufmann ein von ihm betriebenes Unternehmen in eine neu gegründete GmbH umwandeln. Das ging aber nur, wenn der Kaufmann nicht überschuldet war und die zu übertragenden Vermögensgegenstände nicht das gesamte oder nahezu das gesamte Vermögen i. S. d. § 419 Abs. 1 BGB darstellten. Das Einzelunternehmen ging mit allen Aktiva und Passiva kraft Gesetz auf die GmbH über.[9] Die Verbindlichkeiten sowie Vertragsverhältnisse lassen sich ohne Zustimmung der Gläubiger bzw. Vertragspartner überleiten. Rechte und Pflichten aus bestehenden Arbeitsverhältnissen gehen auch hier auf den neuen Inhaber über.

Die frühere Rechtslage hat sich vollkommen durch das seit dem 1. Januar 1995 geltende Umwandlungsgesetz geändert. Die Umwandlung eines Einzelunternehmens wird nunmehr nach § 123 Abs. 3 i. V. m. § 124 Abs. 1 UmwG als Ausgliederung bezeichnet. Aus seinem Vermögen kann der Einzelunternehmer einen Teil oder mehrere Teile auf eine GmbH als übernehmenden Rechtsträger übertragen. Das ausgegliederte Vermögen geht als Gesamtheit auf die GmbH über. Diesen Weg bezeichnet man als partielle Gesamtrechtsnachfolge. Das Vermögen kann laut § 152 i. V. m. § 123 Abs. 3 UmwG auf eine oder mehrere bereits bestehende GmbH ausgegliedert werden (Ausgliederung zur Auf-

---

[7] vgl. Ott, 2000, 143
[8] vgl. Madl, 1999, 2

5

nahme) oder es wird ausgegliedert auf eine oder mehrere neugegründete GmbH (Ausgliederung zur Neugründung).[10] Dies muss so verstanden werden, dass ein Kaufmann seine Einzelunternehmung bzw. einen Teil davon als Teil seines Gesamtvermögens in eine aufnehmende Gesellschaft einbringt. Privatvermögen und sonstiges Betriebsvermögen wird zurückbehalten.

Der Einzelkaufmann erhält als Gegenleistung selbst Anteile an der aufnehmenden GmbH. Handelsrechtlich liegt eine Umwandlung per Ausgliederung durch partielle Gesamtrechtsnachfolge vor. Steuerlich werden solche Fälle wie Einbringungen eines Betriebes oder Teilbetriebes in eine Kapitalgesellschaft gegen Gewährung von Gesellschaftsrechten i. S. d. §§ 20-22 UmwG behandelt.

2.2 Handelsrechtliche Vorschriften der Ausgliederung

Die Ausgliederung nach § 152 Satz 1 UmwG ist nur zulässig, wenn ein vollkaufmännisches Handelsgewerbe besteht, also die Firma des Einzelkaufmanns im Handelsregister eingetragen ist. Auch darf keine Überschuldung vorliegen, d. h. die Verbindlichkeiten übersteigen nicht das Vermögen des Kaufmanns (§ 152 Satz 2 UmwG). Liegen diese Voraussetzungen nicht vor, kann das Umwandlungsgesetz keine Anwendung finden.[11] Bei der Ausgliederung zur Neugründung oder Aufnahme sind mehrere Schritte erforderlich. Als erstes wird der Entwurf einer Ausgliederungserklärung erstellt. Ein Ausgliederungsbericht ist nach § 153 UmwG nicht erforderlich. Existiert im bisherigen Einzelunternehmen ein Betriebsrat, muss diesem, einen Monat vor der notariellen Beurkundung, der Entwurf der Ausgliederungserklärung zugeleitet werden (§ 126 Abs. 3 UmwG). Die Erklärung beinhaltet die Errichtung der GmbH und die Übertragung des Vermögens. Die Vermögensteile müssen genau aufgeführt sein. Darüber hinaus sind der Ausgliederungsstichtag und die Rechtsfolgen der Ausgliederung für die Arbeitnehmer anzugeben. Der Ausgliederungserklärung ist der Gesellschaftsvertrag der neuzugründenden GmbH beizufügen. Diesen Vertrag nennt man auch Satzung. Sie enthält u. a. den Gegenstand der Sacheinlage, d. h. das ausgegliederte Vermögen und den Betrag der Stammeinlage. Erreicht die Sacheinlage nicht das Mindest-Stammkapital von 25.000 €, ist eine zusätzliche Bareinlage möglich. Im nächsten Schritt wird ein Sachgründungsbericht erstellt, da die Ausgliederung durch Sachgründung erfolgt. In diesem Bericht sind z. B. der Geschäftsverlauf und die

Lage des übertragenden Rechtsträgers (hier: des Einzelunternehmens) darzulegen. Bevor nun die Anmeldung im Handelsregister erfolgen kann, muss die Ausgliederungserklä-

---

[9] vgl. Ott, 2000, 143
[10] vgl. Ott, 2000, 143f

rung notariell beurkundet werden. Dem zuständigen Handelsregister sind bei der Anmeldung folgende Anlagen beizufügen:

- eine notariell beurkundete Ausgliederungserklärung

- der Sachgründungsbericht

- ein Nachweis über die rechtzeitige Zuleitung des Entwurfs der Erklärung an den zuständigen Betriebsrat (falls vorhanden)

- die Schlussbilanz des Einzelunternehmens

Für den Ausgliederungsstichtag wird die Schlussbilanz aufgestellt. Es gelten die Vorschriften über die Jahresbilanz, d. h. dass die bisherigen Buchwerte auszuweisen sind. Eine Aufdeckung der stillen Reserven findet nicht statt. Höchstens acht Monate vor Anmeldung in das Handelsregister darf die Schlussbilanz auf einen Stichtag aufgestellt werden.[12] Die Festlegung des Übertragungsstichtages ist von großer Bedeutung, da ab diesem Tag alle Geschäftsvorfälle nach dem Körperschaftssteuerrecht statt nach dem Einkommensteuerrecht besteuert werden.[13] Mit der Eintragung der Ausgliederung ins Handelsregister geht das Vermögen auf die neue GmbH über. Erfolgt die Ausgliederung des gesamten Unternehmens, so erlischt nach § 155 UmwG die vom Einzelkaufmann geführte Firma. Der Eintrag ins Handelsregister erfolgt nicht, wenn die Verbindlichkeiten des Einzelkaufmanns sein Vermögen übersteigen (§ 160 Abs. 2 UmwG).[14]

2.3 Steuerrechtliche Neutralitätsvoraussetzungen

Das Umwandlungsgesetz und das Umwandlungssteuergesetz erlauben grundsätzlich einen steuerneutralen Rechtsformwechsel. Eine steuerneutrale Umwandlung bedeutet, dass kein Gewinn realisiert wird. Aber erst im Rahmen des Umwandlungssteuergesetzes von 1994 wurde eine Steuerneutralität bezüglich der Einkommens- und Körperschaftssteuer für alle Arten der Umwandlung eingeführt, d. h. auch für solche, die im Umwandlungsgesetz nicht eigens aufgeführt sind. Damit will die Steuerpolitik sicherstellen, dass das Steuersystem einer vernünftigen Vorbereitung der Unternehmensübertragung nicht im Wege steht und dass das Unternehmen nicht verkauft werden muss, um die Steuer-

---

[11] vgl. Ott, 2000, 144
[12] vgl. Ott, 2000, 145ff
[13] vgl. Doetsch, 2000,
[14] vgl. Ott, 2000, 145ff

forderung begleichen zu können.[15] Die Steuerneutralität ist nach § 20 UmwStG an Voraussetzungen gebunden. So muss der Einbringende als Gegenleistung für die Übertragung neue Gesellschaftsanteile an der Kapitalgesellschaft erhalten, d.h. die Gesellschaftsrechte sind im Zuge der Gründung oder einer Kapitalerhöhung entstanden. Alle wesentlichen Wirtschaftsgüter eines Betriebes/Teilbetriebes müssen übertragen werden. Im Sinne des § 20 UmwStG ist ein Betrieb nicht nur ein gewerblicher Betrieb, sondern auch ein Betrieb der Land- und Forstwirtschaft sowie ein freiberufliches Unternehmen. Vor dem Umwandlungsstichtag darf der Betrieb noch nicht aufgegeben werden. Er muss steuerrechtlich existieren.[16] Unter einem Teilbetrieb versteht man einen selbständigen, organisatorisch geschlossenen Teil des Gesamtbetriebes, der alle Merkmale eines Betriebes aufweist und für sich lebensfähig ist. Auch Mitunternehmer-Anteile und Teile eines Mitunternehmer-Anteils gelten als Teilbetrieb.[17] Die Einbringung der Wirtschaftsgüter kann nur in eine unbeschränkt körperschaftssteuerpflichtige Kapitalgesellschaft erfolgen. Unter wesentlichen Wirtschaftsgütern versteht man die Betriebsanlagen, die Betriebseinrichtung, die Betriebsorganisation und sonstige materielle und immaterielle Wirtschaftsgüter. Ist eine der Voraussetzungen nicht erfüllt, findet der achte Teil des UmwStG keine Anwendung. Im steuerlichen Sinne liegt keine Einbringung vor.

2.4 Besteuerung der zu übernehmenden GmbH

Im Sinne der §§ 20-22 UmwStG liegt die Einbringung eines Betriebes oder Teilbetriebes in eine Kapitalgesellschaft gegen Gewährung von Gesellschaftsrechten vor. Das eingebrachte Vermögen wird steuerlich als Sacheinlage bezeichnet. Die übernehmende GmbH kann wählen, wie sie das Vermögen in der steuerlichen Eröffnungsbilanz ansetzen möchte, mit oder ohne stille Reserven (§ 20 UmwStG), sofern dies in Übereinstimmung mit der Handelsbilanz geschieht. So gibt es die Ausgliederung zum Buchwert, zum Teilwert und zum Zwischenwert. Je nach Wahl kommt es jedoch zu völlig verschiedenen steuerlichen Auswirkungen.[18] Die einzelnen Fallvarianten werden nachstehend erläutert.

Bei einem Buchwertansatz tritt die übernehmende Kapitalgesellschaft bei den einzelnen Wirtschaftsgütern in die Rechtsposition des umgewandelten Einzelunternehmens bezüglich Absetzung für Abnutzung etc. ein (§ 22 Abs. 1 UmwStG i. V. m. 3 12 Abs. 3 S. 1 UmwStG). Die übernehmende GmbH führt die Abschreibungen, steuerfreien Rücklagen (zum Beispiel gem. § 6b EStG), Bewertungsabschläge usw. so fort, als hätte der Formwechsel nicht stattgefunden. Stille Reserven werden nicht aufgedeckt. Obergrenzen für den Buchwert sind die Anschaffungs- bzw. Herstellungskosten. Als Untergrenze bei ab-

---

[15] vgl. Amtsblatt der Europäischen Gemeinschaften, Mitteilung der Kommission zur Übertragung kleiner und mittlerer Unternehmen (98/C 93/02), C 93/5
[16] vgl. Doetsch, 2000,
[17] vgl. Steuern und Studium, 2002, 1/10
[18] vgl. Ott, 2000, 147f

nutzbaren Gütern müssen die Anschaffungs- bzw. Herstellungskosten, gemindert um die Absetzung für Abnutzung (= Abschreibungen), beachtet werden. Diese Ausgliederungsform ist völlig steuerneutral.

Um die Problematik zu veranschaulichen, soll eine Möglichkeit der Ausgliederung exemplarisch herausgegriffen werden. Das Unternehmen Gartenbau Limmer aus Bad Abbach (südl. Regensburg). Karl Limmer meldete sein Einzelunternehmen, eine Garten- und Landschaftsbaufirma, am 01.02.1990 gewerblich an und führte sie erst nebenberuflich. Seit dem 01.03.1993 stieg er hauptberuflich ein. In den nächsten Jahren vergrößerte er ständig seine Firma. Um sein Haftungsrisiko zu beschränken, erfolgte am 10.03.1998 die Umwandlung seines Einzelunternehmens in eine Einmann-GmbH.[19] Sämtliche nachfolgenden Vermögenswerte und der steuerliche Übertragungsstichtag sind von uns frei erfunden worden, da wir zu keinem Beispiel real existierende Werte gefunden haben. Nach § 20 Abs. 8 Satz 2 UmwStG ist (auf Antrag) als steuerlicher Übertragungsstichtag der Stichtag anzusehen, für den die Schlussbilanz des übertragenden Unternehmens aufgestellt ist.[20] Karl Limmer weist zum 31.12.1997 folgende Schlussbilanz auf:

---

[19] vgl. www.karl-limmer.de/firma.htm
[20] vgl. Ott, 2000, 148

Aktiva		Passiva	
	Buchwert in DM		Buchwert in DM
Geschäftswert	0	Eigenkapital	50 000
Anlagevermögen	200 000	Verbindlichkeiten	450 000
Umlaufvermögen	300 000		
	500 000		500 000

Die Eröffnungsbilanz der Karl-Limmer Garten- und Landschaftsbau GmbH zeigt dann folgendes Bild:

Aktiva		Passiva	
	Buchwert in DM		Buchwert in DM
Geschäftswert	0	Stammkapital	50 000
Anlagevermögen	200 000	Verbindlichkeiten	450 000
Umlaufvermögen	300 000		
	500 000		500 000

Der Wert, mit dem die GmbH das eingebrachte Vermögen ansetzt, beläuft sich auf 50.000 DM (Aktiva 500.000 DM abzüglich Verbindlichkeiten 450.000 DM). Ebenfalls auf 50.000 DM belaufen sich die Anschaffungskosten der GmbH-Anteile. Die Kapitalgesellschaftsanteile, die durch Buchwerteinbringung entstehen, nennt man einbringungsgeborene Anteile i. S. d. § 21 UmwStG.[21] Die stillen Reserven lösen sich im Zeitablauf (bei abnutzbaren Wirtschaftsgütern) durch normalen Umsatzprozess (Fertigerzeugnisse) oder bei späterer Veräußerung auf, spätestens durch Liquidation.[22]

Die übernehmende GmbH kann das Vermögen auch zum Teilwert ansetzen. Bei der Ausgliederung zum Teilwert muss ein vorhandener selbstgeschaffener Firmenwert angesetzt werden. Die Steuerfolgen entsprechen der einer normalen Veräußerung des Einzelunternehmens.

---

[21] vgl. Madl, 1999, 91
[22] vgl. Hinz, 1995, 261

Schlussbilanz zum 31.12.1997:

Aktiva		Passiva	
	Teilwert in DM		Teilwert in DM
Geschäftswert	300 000	Eigenkapital	550 000
Anlagevermögen	400 000	Verbindlichkeiten	450 000
Umlaufvermögen	300 000		
	1 000 000		1 000 000

Die Eröffnungsbilanz der Karl-Limmer Garten- und Landschaftsbau GmbH:

Aktiva		Passiva	
	Teilwert in DM		Teilwert in DM
Geschäftswert	300 000	Stammkapital	50 000
Anlagevermögen	400 000	Verbindlichkeiten	450 000
Umlaufvermögen	300 000	Darlehen	500 000
	1 000 000		1 000 000

Bei Herrn Limmer gilt der Wertansatz des übertragenden Vermögens (Aktiva 1 Mio. DM abzüglich Passiva 450.000 DM) als Anschaffungskosten seiner GmbH-Anteile. Werden jedoch wie in diesem Beispiel noch andere Wirtschaftsgüter gewährt (Darlehen), so werden diese mit ihrem gemeinen Wert von den Anschaffungskosten abgezogen (gemäß § 20 Abs. 4 Satz 2 UmwStG). Herr Limmer hat also Anschaffungskosten in Höhe von 50.000 DM. Soll der Betrag, der das Stammkapital von 50.000 DM übersteigt, nicht als Darlehen ausgewiesen werden, kann alternativ eine Kapitalrücklage gebildet werden oder das Stammkapital wird auf 550.000 DM fixiert. Die Anschaffungskosten der Anteile betragen dann allerdings in beiden Fällen 550.000 DM. Sollen die erhaltenen GmbH-Anteile später veräußert werden, entsteht ein steuerpflichtiger Veräußerungsgewinn nach § 17 EStG. Für die GmbH ergibt sich durch die Aufdeckung der stillen Reserven zukünftig ein erhöhtes Abschreibungspotential, soweit die stillen Reserven auf abnutzbare Wirtschaftsgüter sowie auf den Firmenwert entfallen. Der Firmenwert kann über 15 Jahre nach § 7 Abs. 1 Satz 3 EStG abgeschrieben werden. Die künftigen Abschreibungen mindern bei der GmbH die Körperschaftsteuer zum normalen Steuersatz und die Gewerbeertragssteuer.[23] Der Teilwertansatz ist aber zwingend vorgeschrieben, wenn das Besteuerungsrecht der Bundesrepublik Deutschland hinsichtlich des Gewinns aus einer Veräußerung der gewährten Gesellschaftsanteile ausgeschlossen ist.

Eine Ausgliederung der Wirtschaftsgüter ist laut § 20 UmwStG auch zu einem beliebigen Wert zwischen Buch- und Teilwert, dem Zwischenwert, möglich. Es kommt zur teilweisen

11

Aufdeckung stiller Reserven. Entscheidet sich die aufnehmende Kapitalgesellschaft für diese Art der Bewertung, so muss sie alle aktivierungsfähigen Wirtschaftsgüter aufstocken. Das heißt, dass die stillen Reserven proportional gleichmäßig beim Anlagevermögen (einschließlich selbst hergestellter immaterieller Anlagegüter), beim Umlaufvermögen und den Schulden aufgelöst werden. Sollen nun zum Beispiel 100.000 DM an stillen Reserven aufgelöst werden, sehen die Bilanzen wie folgt aus:

Schlussbilanz des Einzelunternehmens zum 31.12.1997:

Aktiva	Buchwert in DM	Passiva	Buchwert in DM
Geschäftswert	0	Eigenkapital	50 000
Anlagevermögen	200 000	Verbindlichkeiten	450 000
Umlaufvermögen	300 000		
	500 000		500 000

Die Eröffnungsbilanz der Karl-Limmer Garten- und Landschaftsbau GmbH:

Aktiva	Zwischen. in DM	Passiva	Zwischen. in DM
Geschäftswert	0	Stammkapital	150 000
Anlagevermögen	300 000	Verbindlichkeiten	450 000
Umlaufvermögen	300 000		
	600 000		600 000

Die Anschaffungskosten betragen in diesem Beispiel 150.000 DM. Wie beim Buchwertansatz (aber nicht beim Teilwert) bezeichnet man die GmbH-Anteile als einbringungsgeborene Anteile. Bis zu einer späteren Veräußerung der Anteile bleiben so die nicht aufgedeckten Reserven unbegrenzt steuerverhaftet. Auf Antrag können allerdings die einbringungsgeborenen Anteile gemäß § 21 Abs. 2 UmwStG aus der Steuerverstrickung gelöst werden, um sie in den Jahren zu versteuern, in denen die übrigen steuerlichen Rahmenbedingungen günstig sind. Ein bestehender originärer Firmenwert ist nur zu berücksichtigen, wenn eine Differenz zwischen den bis zu den Teilwerten aufgestockten Wirtschaftsgütern und dem Wert, mit dem das eingebrachte Betriebsvermögen von der GmbH angesetzt werden soll, entsteht (siehe nachfolgende Bilanz). So ist eine gezielte Auflösung der stillen Reserven, damit die GmbH ein hohes Abschreibevolumen erhält, nicht möglich.[24]

---

[23] vgl. Ott, 2000, 150
[24] vgl. Ott, 2000, 151f

Schlussbilanz des Einzelunternehmens zum 31.12.1997:

Aktiva	Buchwert in DM	Passiva	Buchwert in DM
Geschäftswert	0	Eigenkapital	50 000
Anlagevermögen	200 000	Verbindlichkeiten	450 000
Umlaufvermögen	300 000		
	500 000		500 000

Er sollen stille Reserven von 500.000 DM aufgedeckt werden. Die Eröffnungsbilanz der Karl-Limmer Garten- und Landschaftsbau GmbH lautet:

Aktiva	in DM	Passiva	in DM
Geschäftswert	300 000	Stammkapital	550 000
Anlagevermögen	400 000	Verbindlichkeiten	450 000
Umlaufvermögen	300 000		
	1 000 000		1 000 000

2.5 Besteuerung des übertragenden Rechtsträgers

Je nach Wahl, also zu welchem Wert das Vermögen in der Bilanz angesetzt wurde, kommt es auch für den Einzelunternehmer zu einer unterschiedlichen Besteuerung der Veräußerung.

Der Veräußerungspreis ist der Wert, mit dem die GmbH das eingebrachte Vermögen ansetzt. Wird das Vermögen nun zu Buchwerten eingebracht, entsteht für Karl Limmer kein Veräußerungsgewinn. Seine Anschaffungskosten für die GmbH-Anteile entsprechen dem Buchwert des eingebrachten Vermögens iHv. 50.000 DM. Diese Art der Ausgliederung ist völlig steuerneutral. Allerdings sollte beachtet werden, dass das Betriebsvermögen und somit auch die GmbH-Anteile unterbewertet sind.[25]

Bei der Ausgliederung zum Teilwert entsprechen die Steuerfolgen denen einer normalen Veräußerung. Gewerbesteuerlich wird der Umwandlungsvorgang nicht erfasst. Für Karl Limmer entsteht ein einkommensteuerpflichtiger Veräußerungsgewinn gemäß § 16 EStG in Höhe der Differenz zwischen dem Teilwert des übertragenen Vermögens von 550.000 DM (Aktiva 1 Mio. DM abzüglich Passiva 450.000 DM) und dem Buchwert des bisherigen

Kapitalkontos des Einzelunternehmens von 50.000 DM, d. h. der Gewinn beträgt 500.000 DM. Umwandlungskosten, wie Beurkundungs-, Beratungs- und Bekanntmachungskosten[26], mindern den Veräußerungsgewinn. Aus Vereinfachungsgründen wurden sie in diesem Beispiel mit 0 DM angenommen. Der Veräußerungsgewinn ist nach § 16 Abs. 4 und § 34 EStG steuerbegünstigt. Das heißt, es gibt einen Freibetrag von 100.000 DM (51.200 €) gemäß § 16 Abs.4. Der Freibetrag ermäßigt sich um den Betrag, um den der Veräußerungsgewinn 300.000 DM (154.000 €) übersteigt. An den § 16 Abs. 4 sind allerdings Voraussetzungen geknüpft. So muss ein vorhandener, selbstgeschaffener Firmenwert angesetzt werden. Alle stillen Reserven sind aufgedeckt. Der Steuerpflichtige muss das 55. Lebensjahr vollendet haben oder im sozialversicherungsrechtlichen Sinne dauernd berufsunfähig sein. Karl Limmer kann so diesen Freibetrag nicht nutzen, außer er macht seinen Vater zum Unternehmer. Die Steuerermäßigung nach § 34 EStG kommt zum Tragen, wenn außerordentliche Einkünfte vorliegen. Das ist hier der Fall. Wahlweise zur 1/5-Regelung kommt bei Gewinnen aus Betriebsveräußerungen oder Betriebsaufgaben unter folgenden Voraussetzungen die Hälfte des durchschnittlichen Steuersatzes (mindestens der Eingangssteuersatz) zur Anwendung: Die außerordentlichen Einkünfte dürfen den Betrag von insgesamt 10 Mio. DM (5 Mio. €) nicht übersteigen. Der Steuerpflichtige muss über 55 Jahre oder berufsunfähig sein. Die Ermäßigung kann der Steuerpflichtige nur einmal im Leben in Anspruch nehmen (dies gilt nicht, wenn eine Inanspruchnahme des § 34 EStG vor dem 1.1.2001 erfolgte). Auch diese Art der Ermäßigung kommt für Karl Limmer nicht in Frage. Somit ist die Umwandlung unter Ansatz der Teilwerte nur dann vorteilhaft, wenn der künftige Steuervorteil aus der Mehrabschreibung der stillen Reserven bei der GmbH größer ist als die Sofortversteuerung[27].

Für Karl Limmer entsteht beim Zwischenwertansatz ein Veräußerungsgewinn in Höhe von 100.000 DM. Da nicht sämtliche stillen Reserven aufgelöst werden, wird der Freibetrag nach § 16 Abs. 4 EStG nicht gewährt. Der Veräußerungsgewinn ist nur gemäß § 34 Abs. 1 EStG steuerlich begünstigt (Fünftel-Regelung).

[25] vgl. Hinz, 1995, 261
[26] vgl. www.gruenderstadt.de/Infopark/rechtsform.html
[27] vgl. Ott, 2000, 149

3 Wertung und Fazit

Auf den ersten Blick sieht es so aus, als sollte die Entscheidung für die richtige Rechtsform und die Umwandlung nicht schwer fallen. Aber die Praxis (laut Studien der EU[28]) zeigt, dass erhebliche Probleme auftreten können. Oft wird die Unternehmensübertragung schlecht vorbereitet. Der Unternehmer muss sich über die Kriterien für die beste künftige Entwicklung des Unternehmens im klaren sein. Kriterien sind z.B. das Profil des künftigen Unternehmers (Ausbildung, Erfahrung, Finanzlage), die Situation des bisherigen Unternehmers (Alter, zukünftige Beteiligungen) und das Unternehmen selbst (Vermögenswerte, Beschäftige). Auch sollten Entscheidungen nur aufgrund einer persönlichen Prioritätenliste gefunden werden. Für Karl Limmer war der Hauptgrund die Haftungsbeschränkung. So gibt es keine einheitlichen Richtlinien. Jeder Einzelunternehmer muss für sich persönlich, mit spitzem „Steuer-Stift", entscheiden, ob eine Ausgliederung in Frage kommt. Die Ausgliederung muss frühzeitig geplant werden. Es sollte mindestens ein Zeitraum von drei bis vier Monaten (inkl. Eintragung und Bekanntmachung) veranschlagt werden[29]. Im Einzelfall kann es jedoch auch länger dauern. Die für die Ausgliederung erforderlichen Maßnahmen müssen von Anfang an klar ermittelt werden. Da eine Ausgliederung Fragen in den Bereichen Rechnungslegung, Steuern, Recht, Bilanzierung und Finanzierung aufwirft, bleibt dem Unternehmer meist nichts anderes übrig, als eine breite Palette von Dienstleistungen aller Beraterberufe, wie Wirtschaftsprüfer, Steuerberater, Rechtsanwälte, in Anspruch zu nehmen. Die Europäische Union fordert daher seit längerem, dass Datenbanken, die den Bedürfnissen aller bei der Ausgliederung Beteiligten gerecht werden würden, dem Unternehmer zugänglich gemacht werden[30].

Fazit: Eine allgemeingültige Aussage kann nicht getroffen werden. Im konkreten Fall entscheidet die Situation des Betriebes und nicht zuletzt die Persönlichkeit des Unternehmers über die Frage, ob eine Ausgliederung sinnvoll ist.

---

[28] vgl. Amtsblatt der Europäischen Gemeinschaften, Mitteilung der Kommission zur Übertragung kleiner und mittlerer Unternehmen (98/C 93/02), C 93/10
[29] vgl. www.gruenderstadt.de/Infopark/rechtsform.html
[30] vgl. Amtsblatt der Europäischen Gemeinschaften, Mitteilung der Kommission zur Übertragung kleiner und mittlerer Unternehmen (98/C 93/02), C 93/9

Literaturverzeichnis

Bundesministerium für Wirtschaft und Technologie:
Rechtsformwahl/vom Bundesministerium für Wirtschaft und Technologie. – online im Internet: www.gruenderstadt.de/infopark/Rechtsformwechsel.html, 2002, Informationsabruf: 03.04.2002

Die Europäische Union:
Amtsblatt der Europäischen Gemeinschaften/Mitteilung der Kommission zur Übertragung kleiner und mittlerer Unternehmen (98/C 93/ 02). – online im Internet: www.europa.eu.int/comm/enterprise/entrepreneurship/support measures/ transfer business/transfer com 98/transfer 98.de.pdf, 28.03.1998, Informationsabruf: 06.04.2002

Doetsch, Ewald
Umwandlungssteuerrecht: Umstrukturierung von Unternehmen; Verschmelzung – Spaltung – Formwechsel – Einbringung/von Ewald Doetsch. - 5., aktualisierte und erw. Aufl. - Stuttgart: Schäffer-Poeschel, 2000

Hinz, Michael:
Grundlagen der Unternehmensbesteuerung/von Michael Hinz. – 2., grundlegend überarb. und erw. Aufl. - Herne; Berlin: Verl. Neue Wirtschafts-Briefe, 1995 (NWB-Studienbücher Wirtschaftswissenschaft)

Limmer, Karl:
Homepage/von Karl Limmer – online im Internet: www.karl-limmer.de, 1996, Informationsabruf: 28. März 2002

Madl, Roland:
Umwandlungssteuerrecht/von Roland Madl. – 1. Aufl. – Stuttgart: Schäffer-Poeschel, 1999 (Grundkurs des Steuerrechts; Bd. 12)

Mihm, Friedhelm:
Handelsrecht, Gesellschaftsrecht und Steuerrecht/von Friedhelm Mihm. – 5., neubearb. Aufl. – Stuttgart: Schäffer-Poeschel, 1997 (Grundkurs des Steuerrechts; Bd. 13)

Olfert, Klaus:
Finanzierung/von Klaus Olfert. – 11. Aufl. – Ludwigshafen (Rhein): Friedrich Kiehl Verlag, 2001

Ott, Hans:
Fallsammlung Umwandlungssteuerrecht/von Hans Ott. - 2., überarb. Aufl. - Herne; Berlin: Verl. Neue Wirtschafts-Briefe, 2000 (NWB-Trainingsprogramm Steuern)

o.V.:
in :Steuern und Studium, 2002, Heft 1, Seite 10